Zurdos
Una historia siniestra

Zurdos
Una historia siniestra

Carmina Rioja

Zurdos. Una historia siniestra
© Carmina Rioja

Ilustraciones de la autora

Diseño y diagramación electrónica:
Ana Edith Hernández Velázquez

Al cuidado de la edición:
Martha Cupa León

Producción:
Guillermo González Dorantes

© 2004 ALFAOMEGA GRUPO EDITOR, S.A. de C.V.
Pitágoras 1139, Col. Del Valle, 03100 México, D.F.

Miembro de la Cámara Nacional de la Industria Editorial Mexicana
Registro No. 2317

Internet: **http://www.alfaomega.com.mx**
Correo electrónico: **ventas1@alfaomega.com.mx**

ISBN 970-15-0980-3

Derechos reservados.
Esta obra es propiedad intelectual de su autor y los derechos de publicación en lengua española han sido legalmente transferidos al editor. Prohibida su reproducción parcial o total por cualquier medio sin permiso por escrito del propietario de los derechos del copyright.

Impreso en México-Printed in Mexico

*Quienes comparten intereses,
luchan juntos,
quienes comparten sentimientos,
crecen juntos*

Maestros Huainan (TAO)

 NOTA: Este breviario toca en forma general los puntos sobresalientes de la problemática que viven los zurdos. No es, ni lejanamente, un tratado en detalle; más bien pretende despertar el interés del lector en uno de los temas humanos más antiguos e ignorados de nuestra historia.

Contiene algunos dibujos, deliberadamente sarcásticos, con el fin de atraer la atención hacia el texto que ilustran, y no hay en ello intención de ofender la sensibilidad religiosa o social de persona alguna.

Contenido

Prólogo 11

Introducción 13

Breve historia 15

El milenario deporte de intimidar 31

La función crea el órgano 39

¿Qué es un zurdo? 47

La escuela 59

Pruebas de lateralidad 71

El mapa cerebral 83

Un botón de estadística 91

Dando un giro al folclore mental 97

Algunos zurdos célebres 103

Bibliografía 107

Anexo: La carta de Benjamín Franklin 109

Prólogo

Nuestra especie se distingue por la libertad y eficacia de las manos, aunque el hombre se ufana por identificarse con el predominio de la mano derecha.
En contraste, Carmina Rioja no sólo rescata las virtudes democráticas de la mano izquierda, siempre identificada con la herejía, la radicalidad política o lo siniestro abismal; también concede igual dignidad al pie y al ojo dominantes, así como al oído preferente de quienes son zurdos, entre 5% y 20% de la población mundial, hasta ahora, tan injustamente discriminados.

Aún más, la autora profundiza en un asunto capital: ¿utilizamos a plenitud la mitad del cerebro que se encuentra del mismo lado de la mano dominante?

Dado que la mayoría de la humanidad actúa con un predominio de la mano derecha, el descuido y la represión cultural hacia el cerebro opuesto; el hemisferio subjetivo —imaginación, creatividad, intuición— ¿no tendrá algo que ver con los males que en la actualidad afectan a nuestro mundo racionalista, analítico y tecnológico?

Este compendio —toda una innovación editorial por la utilización de viñetas con fines didácticos— ofrece al lector una comprensión reivindicativa de los zurdos, a la vez que nos introduce en el fascinante mundo del comportamiento humano.

Dr. Giuseppe Amara

Introducción

Hoy el concepto de "inteligencia emocional" vuelve a las ideas básicas. Nos recuerda que, tanto el éxito como el bienestar, residen en nuestra habilidad para relacionarnos con los demás; nos habla de cultivar nuevas aptitudes éticas y nos propone refinar el pensamiento para recuperar, como *El principito*,* la facultad de ver con el corazón todo aquello que resulta invisible a los ojos.

Pero, "mucho antes de volvernos lógicos fuimos mitológicos"; y bien sabemos que cierta dimensión de nuestra mentalidad funciona con engranajes que todavía responden al tótem del atavismo. Por ello, la primera victoria sobre nuestro inconsciente colectivo (y sobre sus fechorías), consiste en entender su dinámica.

A través de la ventanilla de la historia, observaremos cómo "interpretaciones casuales", sometidas al fuego lento del tiempo, consiguen transformarse en leyes incuestionables.

El conocimiento y la comprensión de nuestra naturaleza nos expanden la conciencia. Sus hilos sostienen nuestros estados anímicos y, conviene tener presente que, tanto el cielo como el infierno son, en esencia, "simples estados de ánimo".

---

* *El Principito*, Antoine de Saint-Exupéry (1900-1944).

Breve historia

*Los hábitos se convierten en leyes que,
al paso del tiempo alcanzan la fuerza de un decreto real*
The prehistoric man, Sir Daniel Wilson (1876)

A principios del siglo XX, el antropólogo Paul Sarasin descubrió en Moustier, Francia, piedras en forma de cuña afiladas indistintamente por su lado izquierdo o derecho. Hallazgos parecidos en otras áreas de Europa llevaron a la conclusión de que, en la Edad de Piedra (paleolítico medio), los grupos de caza contaban con cantidades similares de diestros y de zurdos.

Posteriormente el hombre  neolítico afiló armas y herramientas de sílex por ambos lados; estas llamadas "bifaces", sugieren la existencia de grupos ambidextros o ambidiestros.

Un tercio de toda la pintura rupestre europea fue hecha con la mano izquierda; indicativo de que 33% de la población en su periodo paleolítico superior, probablemente fue zurda.

Damos un salto cronológico hasta la Edad de Bronce donde vemos disminuir la incidencia de zurdos. Armas e instrumentos de labranza se elaboran preferentemente para diestros. El artesano-fabricante "decide" la mano con la que la espada o la hoz serán utilizadas, y el futuro usuario deberá ajustarse al diseño.

Llegamos ahora a la Edad de Hierro (1200 a. de C.). Estas piezas son cada vez más refinadas, costosas y apreciadas; pasan de padres a hijos, y los herederos —diestros o zurdos— habrán de usarlas con la mano para la que fueron creadas.

¿Qué determinó el incremento de diestros sobre zurdos?

La humanidad vivió la mayor parte de su historia con todo tipo de incomodidad y limitación. Los productos desechables hicieron su aparición, lenta y perezosamente durante la década de la Primera

Guerra Mundial así como en su post-guerra (primer tercio del siglo XX). Ya para entonces nuestro mundo estaba diseñado para diestros, y los zurdos eran vistos como seres desviados. Sujetos que habría que "curar" cuanto antes.

Las razones obedecen a un  remoto acuerdo tribal arraigado profundamente en el inconsciente colectivo.

Por milenios los grupos humanos utilizaron las manos para alimentarse de una fuente común. En algún momento se acordó destinar una mano para los alimentos y otra para la higiene corporal. Esta regla habría de recordarse y respetarse bajo pena de graves sanciones a los infractores.

La división de funciones entre las dos manos, fue producto de la intuición más que del naciente pensamiento racional y dio paso al concepto de MANO LIMPIA y MANO SUCIA.

Por asociación de ideas, esta "fama" no tardaría en extenderse a todo lo sucio y a todo lo limpio, en el más amplio sentido de la palabra. De ahí a lo bueno *vs.* lo malo, lo divino *vs.* lo profano, lo recto (diestro) *vs.* lo torcido (siniestro).

¡Un siniestro destino!

La programación  mental quedó consolidada, siguió viva y vigente siglo tras siglo a cientos de generaciones posteriores a aquella que instauró un hábito funcional en su momento histórico. Sin embargo, la presencia subconsciente de una prohibición perdida en el olvido, afecta todavía a un amplio sector de la humanidad.

Hoy el zurdo nace con desventaja en el seno de sociedades diestras y sujeto al prejuicio masivo.

La elegida de los Dioses

¿Quién coronó a la mano derecha para representar a perpetuidad todo lo noble y legítimo de nuestra especie?

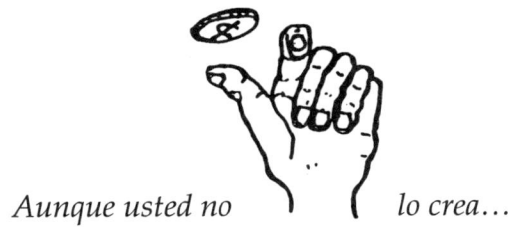

Aunque usted no lo crea...

Todos los indicios apuntan a una colosal y olímpica "casualidad".

Tal vez, en el momento de "la iluminación", el jefe a cargo del grupo local era diestro. También cabe la posibilidad de que se decidiera por un número ligeramente superior de diestros en la comunidad o, sencillamente... a la suerte.

Nunca tendremos una certeza; tampoco es importante, ya que si la humanidad de hoy se hubiera desarrollado mayoritariamente zurda, también existiría un grupo de "diestros satanizados".

La evolución de la especie continuó, concebimos y fabricamos utensilios de todo tipo, incluidos aquellos para el manejo de los alimentos; nos olvidamos de nuestros motivos primitivos, pero la orden psicológica permaneció y se incrementó al amparo del poder religioso y político.

Así como por asociación de ideas el concepto de diestro "derecho" se identificó con todo lo limpio, bueno, noble, legítimo, fuerte y, por supuesto, ¡masculino!; por natural efecto de contraste el concepto de siniestro "zurdo" se asoció con todo lo sucio, malo, bajo, ilegítimo, débil y... ¡femenino! ☹

El "granito de arena" de las religiones

Existen culturas que partieron del predominio zurdo; tal es el caso de los árabes, los judíos y de algunas etnias orientales con escritura y lectura de derecha a izquierda. Sin embargo, en el terreno religioso la discriminación a la izquierda es universal.

El fenómeno cobró particular fuerza en la Iglesia católica donde el rechazo al concepto de "siniestro" se volvió institucional.

Durante el medioevo, hacer la señal de la cruz con la mano izquierda se consideró sacrilegio y no se toleraron sacerdotes zurdos.

Es común encontrar la imagen de Eva, toda libidinosa, ofreciendo a Adán la fatídica manzana, obviamente con su "mano sucia".

No existe arte religioso en que podamos apreciar una bendición impartida con la mano izquierda. Sin embargo, no son raras las representaciones del demonio repartiendo maldiciones alegremente con la zurda.

En la *Sagrada Biblia* aparecen aproximadamente 90 referencias que ponderan tanto a la mano como al costado derecho y unas 25 que refuerzan la condenación al zurdo:

...Y el Señor dirá a los de su derecha "las ovejas": Venid benditos de mi padre porque tuve hambre y me disteis de comer, tuve sed y me disteis de beber, etc.

Y dirá a los de su izquierda "los cabritos"(!): Id malditos al fuego eterno, porque tuve hambre y no me alimentasteis, tuve sed, etc. (MATEO 25, 31-46)

... Y resucitó al tercer día y está sentado a la derecha del padre, y de nuevo vendrá con gloria para juzgar a vivos y muertos... (CREDO)

El punto de vista de la mitología

Antiguas estatuas orientales (1500 a. de C.) representaban deidades andróginas (mitad hombre y mitad mujer), mostrando el lado femenino a la izquierda del cuerpo; esta tendencia podría explicar el mito de las amazonas, guerreras que cortaban o quemaban su seno derecho para poder manejar sus armas con mayor "destreza".

No deja de extrañarnos la designación del costado izquierdo al elemento femenino, ya que el número de zurdos hombres, ha excedido al de mujeres en todos los tiempos, con una proporción que los investigadores fijan en 30%.

En cuanto a la HERÁLDICA

Los sutiles cánones de la monarquía europea exhibían la bastardía del hijo sin linaje paterno, obligándole a llevar en su escudo de armas una "barra siniestra" (trazo oblicuo de derecha a izquierda).

La participación  **del lenguaje**

En nuestra etimología LATINA hallamos el término "derecho" con su ascendiente en *rectus* (recto, hábil, justo, honorable). *Sinestrus* a su vez, da origen a nuestro actual "siniestro" (desfavorable, de mal agüero, malvado).

Me sentí incómoda con mi admirada lengua materna, por lo que busqué consuelo en otras ramas del lenguaje donde encontré lo siguiente:

ANGLOSAJÓN: *lyft* deriva en el inglés como *left* (débil roto). Del mismo tronco *riht*, en inglés *right* (derecho, justo, correcto).

GERMANO: su raíz para el vocablo "izquierdo"; *licht* o *leicht* corresponde a "frágil, ligero, rompible" !!!

Gauche, stanca, link...todas las lenguas europeas tienen para el zurdo una palabra de signo negativo y con doble significado (ambiguo, manco, torcido).

Al *racismo*, *sexismo* y *clasismo*, se sumó la discriminación al zurdo.

¡OH MY GOD!

Nací varón, noble, blanco y diestro, BESA PATITA

El "habla popular" no se queda atrás

Rutinarias, constantes y aparentemente inofensivas, las "frases hechas" de uso cotidiano contribuyen a reforzar el problema. Nadie las aplica con mala intención pero siempre están presentes con su tenue efecto de desgaste. Ocurre lo mismo que con la elevada presión sanguínea; sólo advertimos su efecto devastador cuando alcanza el punto crítico.

Las noticias hablan de "un siniestro" al referirse a un incendio, a un accidente aéreo, o a cualquier otra calamidad de grandes proporciones.

"Nos levantamos con el pie izquierdo" el día en que todo sale mal. Expresamos la satisfacción por el trabajo de nuestro asistente llamándole "mi brazo derecho", y la predilección por un hijo consentido en términos de "mi ojo derecho".

Pretendemos vivir en un "Estado de Derecho" donde se respeten nuestros "derechos humanos". Sospechamos que el nuevo vecino es un "militante de izquierda". Llamamos "diestro" al torero que se desempeña en el ruedo con "destreza". La huella de nuestro pulgar "derecho" nos identifica legalmente. Toda historia que se respete cuenta con un villano de "siniestra mirada" pero, por fortuna, todavía quedan "hombres derechos" en quienes confiar...

Sin saberlo, estamos reafirmando mensajes de reprobación destinados a lesionar las mentes más sensibles.

El milenario deporte de intimidar

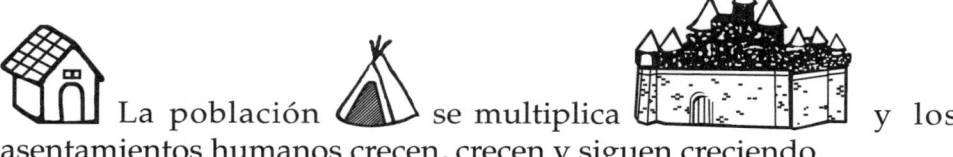 La población se multiplica y los asentamientos humanos crecen, crecen y siguen creciendo.

Las castas dominantes mantienen el poder implantando sistemas de gobierno cada vez más sanguinarios e intimidantes. La vida cotidiana respira violencia y los espectáculos centrados en la tortura y la muerte se vuelven ritos populares (pan y circo).

Su práctica funciona como periódica válvula de escape a la frustración de masas agobiadas por la pobreza, la enfermedad y la esclavitud. Por largos siglos una mínima "singularidad" en el aspecto físico o en el comportamiento, podían convertir a la persona común en reo de muerte.

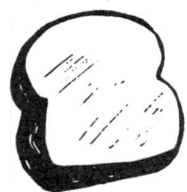 

El circo, la hoguera, la horca, la guillotina, el paredón y demás variantes de la ejecución pública marcaron la historia de casi todas las culturas.

Fueron tiempos en que, disfrazados de diestros, los zurdos brillaron por su ausencia.

Otras minorías como:  aficionados científicos, ateos, homosexuales, etc., también disminuyeron drásticamente.

En el viejo mundo los pelirrojos llevaban el pelo cubierto o rapado para minimizar el riesgo de denuncia bajo el cargo de "relaciones satánicas", y el solo hecho de tener en casa un gato negro, costó la vida a centenares de mujeres acusadas de brujería.

Pero todo evoluciona y la barbarie no es la excepción; ésta gradualmente fue dejando atrás sus métodos arcaicos para dar paso a sistemas de control más refinados y efectivos.

La extinta especie zurda reapareció sobre la tierra; las sociedades humanas, aunque con sus reservas, empezaron a "tolerar" al tigre con sus rayas, al oriental con sus ojos rasgados y al zurdo con su "extraña naturaleza".

Aun así, la percepción de las mayorías dista mucho de reconocer la riqueza del ser humano precisamente en su magnífica diversidad

La primitiva consigna mental y sus subproductos: xenofobia, ciego nacionalismo y en general, "rechazo a todo lo que es diferente", aún alientan a nuestro inconsciente colectivo.

La condición del zurdo no queda exenta del estigma.

A un pasito del tercer milenio

Sin embargo, todavía agobiamos al niño zurdo con mensajes dobles. Algunos son verbales: ¡te quiero mucho... pero das más trabajo que nadie, porque no eres como tu hermano! (Diestro).

Cuando la reiterada actitud de reprobación es silenciosa, dará al chico la impresión de que se le lleva un "inventario de errores". Esta es la manera más efectiva para destruir su autoestima.

¡El cachorro humano es frágil!

La permanente sensación de "rechazo" producirá estragos en su formación. Este pequeño (a) lucha por partida doble, tanto para superar cada etapa de su desarrollo, como para adaptarse a un mundo diseñado íntegramente para diestros. Él requiere de toda la comprensión y el apoyo posibles, abandonarlo a su suerte, le

generará sentimientos de frustración y de soledad que podrían acompañarlo por el resto de su vida.

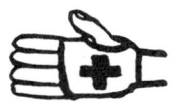

Un sencillo ejercicio de empatía

Si es usted diestro, imagine que se ha fracturado la mano derecha. Átela a su cinturón por un par de horas y "ordene a su mano izquierda que funcione hábilmente en el desempeño de las labores cotidianas".

Probemos a encender el auto, a cerrar con llave la puerta, a utilizar las tijeras, cubiertos, abrelatas, cámara, calculadora, etc. En la mesa procuremos no tirar el vaso que, naturalmente, se coloca frente a nuestra mano derecha; evitemos quemarnos al lavarnos las manos porque el grifo del agua caliente está siempre frente a nuestra única mano útil (por el momento la izquierda).

En un tiempo razonable habremos de bañarnos, peinarnos, arreglarnos, vestirnos e irnos a la escuela o al trabajo. Ahí continuaremos con nuestra práctica sin olvidar la importancia que tiene "una buena letra" para la presentación de nuestras tareas manuscritas, así como un aspecto impecable en materia de dibujos y planos.

Oficios industriales

Si nos ganamos la vida en este tipo de trabajo, las cosas se nos podrían complicar un poquitín más, ya que el entramado laboral sistemáticamente ignora o descalifica al zurdo.

Salvo mínimas excepciones, la herramienta y maquinaria vigentes en la industria se diseña para diestros, dejando virtualmente al margen, a uno de cada seis u ocho operarios o exponiéndolo a serios accidentes por falta de equipo adecuado.

¿Podemos darnos el lujo de desperdiciar semejante porcentaje de potencial humano?

La función crea el órgano

Federico Engels (1820-1895), concluyó: "las manos no son solamente el órgano del trabajo, son también su producto".

Engels consideró el proceso de perfeccionamiento de las manos como la consecuencia directa del trabajo, cuya práctica influyó así mismo en el resto del organismo. Aquí queda incluido el cerebro con su función superior, el pensamiento.

En la medida en que las manos evolucionaban a formas más refinadas y complejas, el cerebro ensanchaba su gama de percepciones.

Manos y cerebro se construyeron recíprocamente

La ley de correlación del crecimiento que nos aporta Darwin (1809-1882), ubica a nuestros antepasados en una raza de monos antropomorfos, que al adoptar la posición erecta por presiones del medio ambiente; empezaron a ejecutar, con las patas delanteras, funciones distintas de las que ejercían con las traseras. Al paso del tiempo y con la práctica repetitiva de estas nuevas funciones, la configuración de sus extremidades también se diferenció.

Todos los monos antropomorfos actuales pueden desplazarse en posición semierecta, aunque lo hagan torpemente y sólo cuando circunstancias extremas los obligan. También son capaces de empuñar palos, arrojar objetos, recolectar alimentos y construir nidos "manipulando" con sus patas delanteras.

Un elaborado cocktail evolutivo

En nuestros ancestros, tales características se sumaron a la acumulación de mutaciones durante cientos de miles de años, así como a una dieta cada vez más abundante y diversa. A mejores nutrientes hubo mayor generación de tejido nervioso y es justamente a través de este dúctil laberinto por donde circula el factor "conciencia".

Ya en la antigua Grecia, Anaxágoras (500-428 a. de C.) postulaba: "el hombre es el más inteligente de los animales gracias a que tiene manos".

Posteriormente, Aristóteles (384-322 a. de C.), dedujo exactamente lo contrario y declaró: "el hombre tiene manos, gracias a que es el más inteligente de los animales".

Lo que hoy tenemos a la vista, es que nacemos equipados con un par de preciosas manos, bastante simétricas y poseedoras de gran versatilidad motriz. Ni la derecha ni la izquierda muestran degradación alguna; ni la una ni la otra dan señas de involución, ninguna ha emprendido el viaje de regreso a la pezuña, la garra o el muñón. Entonces, ¿qué nos lleva a asumir a nuestra mano izquierda como un órgano inútil y destinado a la inactividad?

Tuvimos emociones e intuición antes que pensamiento racional y lenguaje (hablar es codificar ideas en sonidos). Por ello, hoy la ciencia sugiere que el lóbulo derecho, predominante en las personas zurdas pudo desarrollarse con anterioridad al izquierdo.

El doctor Raymond A. Moody, autor de *Vida después de la vida*; supone que hemos mermado nuestras habilidades intuitivas en favor del pensamiento lógico. La intuición surge en el hemisferio derecho y automáticamente la transferimos al izquierdo donde analizamos la información racionalmente.

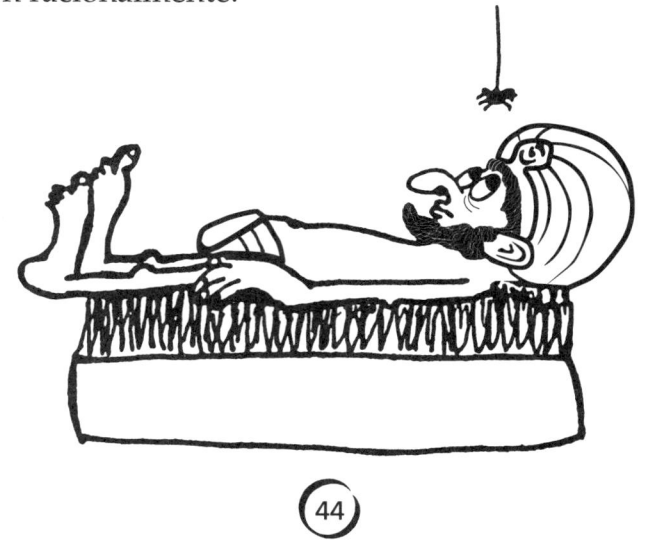

Moody sostiene que las aptitudes disminuidas de nuestro hemisferio subjetivo, pueden recuperarse con prácticas como la meditación y la contemplación.

La reactivación de uno de nuestros hemisferios, no implica restarle potencial al otro; por el contrario, armoniza las facultades de ambos y multiplica de manera íntegra la capacidad de este magnífico meccano viviente.

¿Qué es un zurdo?

Un zurdo es una persona que nace determinada por su biología para utilizar espontánea y naturalmente su mano izquierda.

Todos los seres humanos y los animales superiores, cuentan con "cerebro doble"; esto significa que nuestro cerebro está dividido en dos hemisferios o lóbulos que, con fines prácticos, llamaremos "cerebro derecho" y "cerebro izquierdo".

Estos dos "socios" se mantienen en continua y detallada comunicación a través de una estructura de fibras nerviosas que responde al poético nombre de "cuerpo calloso".

Nadie sobreviviría si naciera sin uno de ellos. Éstos se desempeñan en equipo cumpliendo funciones distintas pero complementarias; sin embargo, uno siempre predomina sobre el otro.

Como nuestros cerebros *trabajan en forma cruzada* las personas zurdas funcionan con preferencia cerebral derecha, mientras que las diestras lo hacen con predominio cerebral izquierdo.

Aunque a simple vista parecen iguales, nuestros cerebros son *asimétricos*. El derecho (predominante en las personas zurdas), es ligeramente superior en peso y volumen.

Aún no hay cifras seguras aunque se especula sobre 7%.

Pero es en relación con sus *funciones* donde se registran las grandes diferencias; cada cerebro se ocupa de tareas específicas que podemos colocar en dos categorías básicas:

CEREBRO IZQUIERDO (predominante en la persona diestra).

Racionalidad   lógica,   analítica.

Cuenta con la capacidad para *codificar información*.

Las ciencias exactas y el pensamiento objetivo se desarrollan en este hemisferio. Es aquí donde nace la tecnología.

CEREBRO DERECHO (predominante en la persona zurda).

Imaginación   creatividad   intuición.

Aquí reside el talento para *crear arte*; con esto componemos música, hacemos literatura, cine, pintura.... Este lóbulo es la sede del pensamiento subjetivo y de las emociones.

Diestros y zurdos utilizan diferentes esquemas de organización cerebral. Estos patrones específicos determinan sus habilidades. Sin embargo, entre un individuo y otro, hay una cantidad inmensa de variables. No podemos simplificarnos al grado de suponer que el zurdo necesariamente producirá un inventor o un artista, y que el diestro se convertirá en científico o tecnólogo.

Blanco o negro, todo o nada   conmigo o contra mí.

La ley del menor esfuerzo

Evaluar cualquier cosa a fondo implica voluntad, esfuerzo y tiempo. Sabemos que el pensamiento disciplinado no es el hobby favorito de las mayorías; sobre todo cuando se cuenta con una cultura que ofrece soluciones y respuestas en cómodo "paquete abrefácil".

El maniqueísmo es una filosofía que reduce la explicación de la realidad a dos principios básicos y opuestos. Aquí todo es "bueno o malo"; y no hay lugar para grados ni matices.

Esta rigidez de pensamiento tiene un lugar de honor en nuestro inconsciente colectivo por razones obvias; *es fácil de aplicar, ya que requiere sólo un mínimo de análisis, y diluye felizmente la responsabilidad individual dentro de la grupal.*

La armonía, el equilibrio, el complemento sin rivalidad, son aún actitudes minoritarias y muy recientes en nuestro proceso de evolución humana.

¿Quemaría usted la mitad de sus bienes?

Pues, al parecer, lo hemos estado haciendo colectivamente desde hace docenas de milenios.

Nuestra parte mecánica es como un robot que automáticamente "elimina todo lo que no está en uso".

Los "recortes de personal" no son novedad en nuestro sistema cerebral; funcionamos bajo un principio de economía y tenemos neuronas analistas dedicadas a *optimizarnos el equipo*.

Esta tarea implica el desecho de las conexiones obsoletas o atrofiadas: "o las utilizamos o las perdemos".

El pensamiento

El pensamiento es la función evolutiva más compleja y se realiza con la corteza cerebral que es la estructura física más avanzada. Las funciones automáticas *ya no se piensan*, por eso las despachamos desde el hipotálamo y, cuando son aún más primitivas (reflejos o instintos), desde el bulbo raquídeo.

Ejercitar el pensamiento es importante ya que, cuanto menos dispongamos de nuestros recursos, menos recursos tendremos.

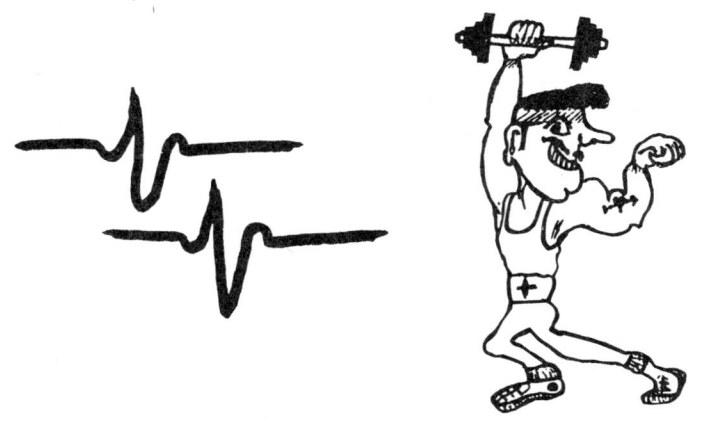

¿Cómo interactúan pensamiento y programación?

Una programación es una idea aceptada a nivel subconsciente que se convierte en hábito mental. El uso de la mano izquierda fue herético en el terreno religioso y ofensivo en los protocolos del poder; fue reprimido y sancionado social y familiarmente. No teníamos entonces la capacidad crítica para cuestionarnos los mandamientos culturales impuestos por milenios.

Pero hoy la antropología, la historia, la biología y otras muchas líneas de investigación miran atrás por nosotros. Ahora podemos entender nuestras *dos mitades cerebrales* cualitativamente diferentes, pero indispensables por igual. Sabemos que coexisten de la cuna al ataúd y que si polarizamos toda la energía en uno solo de nuestros hemisferios, estamos *desechando la mitad del tesoro.*

¿Qué sabemos de los ambidextros?

Un ambidextro es una afortunada y singular criatura que nace con habilidades amplias y simétricas en ambas manos.

Los seres humanos nos clasificamos, a grandes rasgos, en cinco grupos manuales.

1) *Diestro unilateral neto*: Utiliza con soltura la mano derecha mientras que la izquierda le resulta prácticamente inútil.

2) *Zurdo unilateral neto:* Lo mismo que el diestro unilateral pero en éste, toda la habilidad reside en la mano izquierda.

3) AMBIDEXTRO *(ambidiestro)*. La palabra significa *con dos manos derechas* por la *destreza* con la que domina ambas manos.

4) *Zurdo preferente*. Aunque se desempeña preferentemente con la mano izquierda, la derecha lo complementa con éxito.

5) *Diestro preferente*. Como el zurdo preferente, su mano opuesta también es hábil y la utiliza con frecuencia.

En estos grupos caben subcategorías por grado.

"Plasticidad", un regalo de los dioses

Se cree que solamente utilizamos 10% de nuestra capacidad mental pero... ¿de qué 10% disponen los diestros y de cuál los zurdos?, ¿cómo está distribuido el territorio mental en los ambidextros?, ¿por qué los diestros tienen sus dos centros del habla *cableados* en el cerebro izquierdo, mientras que en los zurdos, estas conexiones se dan unas veces en el hemisferio izquierdo y otras con organización bilateral?

La naturaleza nos provee con suministros abundantes para sobrevivir en cualquier medio ambiente en el que nos toque nacer. Buena parte de este arsenal parece ser MALEABLE (se le puede manipular en la dirección que más nos convenga).

Invertir esfuerzo, tiempo y *desgaste emocional* en la tarea de TRANSFERIR habilidades de una mano a la otra no parece muy práctico; pero ESTIMULAR el desarrollo de nuevas facultades en nuestra mano no preferente, nos abre canales sensoriales y nos añade tejido cerebral activo. Nos vuelve más productivos y creativos, más inteligentes y versátiles; en pocas palabras, nos hace personas más COMPLETAS.

La escuela

Por fin, el temido y anhelado "primer día de clases" ha llegado. Todo brilla, se siente lisito y huele a nuevo. Niños, padres y maestros, con sus personales y diversas expectativas inician el ciclo escolar.

Por primera vez el niño confronta un ambiente social, solo. Su adaptación al grupo, su control psico-motor (coordinación manos-pies-ojos-oídos) y su disposición al aprendizaje serán evaluados en un medio externo al familiar.

Empezará sus actividades manuales garabateando con lápices de brillantes colores y recortando figuritas de papel.

¿Estarán accesibles las tijeras para zurdos? ¿Será la suya una maestra capacitada para guiarlo en el inicio de su experiencia escolar? O, por el contrario, con una bondadosa sonrisa, ella retirará el lápiz o la tijera de su mano hábil para colocarlos en su mano torpe.

Al parecer aún no se comprende que el lento avance del niño zurdo con respecto a sus compañeros diestros, se debe tanto a la pobre información sobre sus características, como a la falta de útiles y herramientas adecuadas.

Este pequeño simplemente es zurdo, en consecuencia debemos permitirle de buen grado el uso de su mano preferente. Como tiene predominio cerebral derecho cuenta con una magnífica *orientación visual* de manera que aprenderá rápidamente todo aquello que se le explique con gráficos.

Puesto que el movimiento espontáneo de las manos parte del centro hacia la periferia del cuerpo; los zurdos trazan sus líneas de derecha a izquierda. Pero no confundamos su particular patrón motriz, con disfunciones como la dislexia (inversión de letras), discálculo (inversión de números), o dislalia (inversión en la pronunciación de sílabas), ya que estos trastornos pueden afectar tanto a diestros como a zurdos.

De la forma en que se guíe al chico durante los primeros meses de clase dependerá el desarrollo de su potencial tanto para el estudio como para el disfrute de la experiencia escolar en su conjunto.

Forzarlo a "cambiar de mano", puede llevarlo a establecer una nefasta asociación de ideas entre el aprendizaje (la escritura, en especial), y los regaños, críticas y castigos.

La imposición despertará su antipatía por la escritura y la lectura, cuya práctica es básica en todas las ramas académicas; y el cambio de mano quedará reducido a un "canje" con saldo en contra.

Para el grupo de mayoría diestra, este compañero sencillamente hace las cosas al revés. Recordemos la *fobia a lo diferente* que alienta en nuestro inconsciente colectivo y resultará fácil adivinar quién será el próximo blanco de agresión para esta "hordita de mini-bárbaros".

Si el niño se siente humillado en la escuela, entonces la escuela es un "lugar humillante". A veces la impaciencia sumerge el criterio, e insinuamos al chico que él es diferente, que es torpe, o que ser diferente y ser torpe son una misma cosa.

¡Qué puede hacer una personita de cuatro o cinco años con una carga que no puede ni sostener, ni arrojar a lo lejos... !

¡No lo tientes, Satanás!

El chico que tratamos como a un inútil, eventualmente descubre la ganancia secundaria que puede obtener *disfuncionando a voluntad*. Él hallará la manera para enfermarse en forma real o ficticia, faltando a clases tantas veces como la suerte lo permita; y no nos extrañemos si, ayudado por su solidario subconsciente, se fractura la muñeca o el codo… derecho.

También puede asumir la etiqueta del "bobo" y apegándose a la ley del menor esfuerzo, Mister Comodín claudicará a todo intento de aprendizaje argumentando su "incapacidad para entender".

En otro plano, existe el riesgo de que vuelva a "mojar la cama", presente tartamudeo, pesadillas o deterioro en su sentido de orientación. Pero la más grave consecuencia estriba en que, honestamente, se crea inferior y su autoestima se desmorone.

El desempeño dentro del grupo

Por supuesto que cuando se trate de participar en actividades culturales o competencias entre equipos, el niño zurdo requerirá de cierta orientación diestra. Estos eventos tienen mucho de festivo, y los retos propuestos con entusiasmo sumados a su propio deseo de identificación con los demás, harán maravillas.

Él se adaptará en este terreno mientras nosotros respetemos su naturaleza zurda en actividades más personales como son la escritura y el dibujo. A nuestros niños diestros, también les beneficiará estimular su mano y pie secundarios a través de juegos y concursos.

Como decía el poeta: "Lo importante no es llegar solos y primero, sino juntos y a tiempo."

Educar es mucho más que entrenar

Cada niño percibe y asimila la educación en forma particular, así como el verdadero maestro asume, estimula e instruye de distinta manera a cada alumno.

Bien dice el refrán: "generalizar" es una formula infalible para equivocarnos. Fomentando la uniformidad de conducta y premiando la docilidad retomamos métodos de enseñanza que vienen en decadencia desde el siglo XIII.

Deportes: el premio de consolación

La excepción confirma la regla, y el chico zurdo, tradicionalmente subvalorado en diferentes grados pero en todos sentidos; de pronto descubre una vertiente humana en la que "la mano sucia" alcanza un status superlativo de admiración y popularidad.

Aunque no comprende por qué usar la izquierda en cualquier otra actividad es inaceptable; se sentirá feliz de poder actuar con toda libertad en ésta, y de hacerlo además con el beneplácito y hasta con el aplauso de los demás.

Sus expectativas crecen y se multiplican; en la competencia deportiva cuenta con todo el estímulo y el apoyo que tanto necesitó pero nunca logró obtener en los otros aspectos de su desarrollo.

Irá construyendo una autoimagen positiva de manera directamente proporcional a sus avances en los campos del deporte.

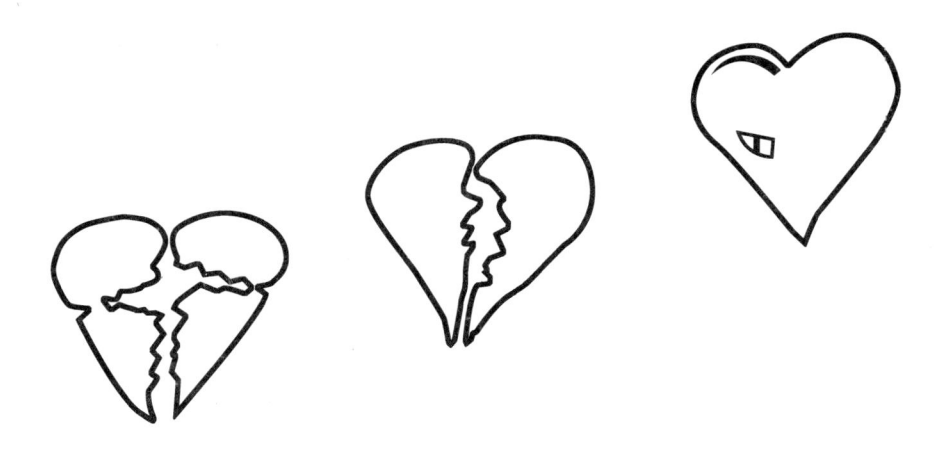

Si resulta verdaderamente dotado, hará carrera en esta línea, y gracias a su *destreza* con la mano o la pierna izquierdas, tal vez llegue a compensar, en alguna medida, el daño emocional que la intolerancia y la opresión le causaron en sus primeros años.

Sin embargo, aun en este campo el zurdo encuentra alguna "siniestra connotación": puesto que su mayor "virtud" consiste en "confundir al adversario" que, naturalmente, espera tiros o movimientos con incidencia opuesta.

Pero, al margen de su habilidad para lanzar o patear una pelota, ¿habría conseguido este niño sobresalir en las artes o en las ciencias si sus primeras experiencias en la escuela hubieran sido mejores?

¡Cuántos otros chicos, zurdos como éste, vieron descalificado un magnífico potencial intelectual capaz de fructificar en otras áreas para las que "la oportunidad", nunca llegó!

En verdad nacer diestro en un mundo "ídem" resulta magnífico, lo grave radica en imponer la obligación de serlo.

Pruebas de lateralidad

Por lo general no se nos ocurre observar la tendencia diestra o zurda del bebé; sin embargo prestamos mucha atención a otros aspectos de su desarrollo como el de la dentición o el aumento de talla y peso.

Al margen de que su pediatra considere oportuno practicar al niño estudios de lateralidad; usted puede obtener datos valiosos a través de algunas pruebas caseras, rápidas y muy sencillas.

Recordemos que la lateralidad diestra, zurda o ambidextra, es tan sólo una característica. Así como tenemos niños y niñas, rubios morenos, o castaños, con temperamento nervioso o tranquilo; así también tenemos hijos ambidextros, diestros o zurdos, sin que esta *propiedad* indique deficiencia o superioridad alguna.

Lateralidad manual

Aunque durante los primeros meses el bebé es bastante ambidextro, en la mayoría es fácil detectar la mano dominante alrededor de su segundo cumpleaños. Sin embargo, algunos niños no se definen por completo hasta la edad escolar, ya que es en la escuela donde las actividades manuales se vuelven tema central.

La investigación sobre lateralidad más confiable hasta hoy es el "Inventario de Edimburgo", conducido en los setentas por el doctor R. C. Oldfield en la división de lenguaje y comunicación de la Universidad de Edimburgo. El estudio propone el siguiente test:

1) Dependiendo de la edad del niño: Ofrézcale un objeto o golosina repetidamente y observe qué brazo extiende con más frecuencia para alcanzarlo.

2) Deje crayones o plumines a su alcance y tome nota de las veces y el tiempo que garabatea y con qué mano lo hace.

3) Procure que el pequeño tome y utilice su cuchara él solo; pero tenga presente la gran capacidad de imitación típica de los niños; si usted es diestra y le pone el ejemplo, él intentará desempeñarse con su mano derecha aun si se trata de un zurdo o de un ambidextro.

4) Repita la prueba con el cepillo de dientes, las tijeras romas y el peine.

5) Lance una pelota u objeto blando y observe con qué mano trata de atraparla el chico.

6) Pídale que la lance de nuevo y anote qué mano utiliza para hacerlo.

7) Acerque al niño una caja bien tapada con la promesa de alguna recompensa en su interior y observe con qué mano la sujeta y con cuál intenta destaparla.

8) En niños mayores, y por supuesto bajo estricta vigilancia, se les pedirá que abran una caja de cerillos y que los enciendan uno a uno. En lo personal esta prueba me parece arriesgada, sin embargo, los especialistas nos dicen que es casi infalible.

El niño intentará encender los cerillos con su mano preferente, mientras sujeta la caja con la otra.

Todos tenemos mayor fuerza prensil en nuestra mano "no preferente"; es natural, ya que cuando alguna labor requiere de ambas manos, la menos capaz sujeta los objetos mientras la más hábil los manipula.

Lateralidad del pie, el ojo y el oído

Detectaremos cuál es el pie, el ojo y el oído dominantes, siguiendo los mismos lineamientos, pero aplicados ahora al órgano en cuestión. En el caso del pie, la prueba más simple consiste en observar el comportamiento del chico con una pelota. El niño zurdo de pie pateará el balón con la izquierda casi desde el momento en que aprende a caminar.

Tanto los niños como los adultos, tendemos a dar el primer paso al bailar o al correr con nuestro pie preferente; al subir a una escalera eléctrica, o al entrar en un recinto obscuro en el que tememos caernos, adelantamos antes nuestro pie dominante como "tanteando" el terreno.

El ojo dominante

Detectamos el ojo dominante incitando al chico a mirar por un microscopio o telescopio; él invariablemente acercará al visor su ojo preferente. Si es aún muy pequeño y no entiende la sugerencia, perfore una cartulina y finja que a través de ella se ven animalitos, duendes o juguetes que despierten su curiosidad; después sujete la cartulina firmemente con ambas manos para que él mire.

Podemos utilizar también el ojo de una cerradura, pero el niño podría desarrollar un gusto por "espiar", algo problemático.

El oído preferente

El oído preferente, es aquel que el chico acerca a un pequeño juguete musical a un caracol de mar o al auricular del teléfono. Es un poco más difícil de precisar en muchachos mayores, ya que todos los diestros colocan el auricular en su oído izquierdo, dejando así la mano derecha libre para escribir. Los zurdos hacen exactamente lo opuesto.

Lateralidad mezclada

La lateralidad mezclada es la modalidad que presenta, por ejemplo, una mano y pie diestros preferentes, en combinación con un ojo y un oído zurdos preferentes. Esta incidencia es bastante común aunque, por lo general, las personas no conocemos nuestra propia lateralidad.

Los adultos podemos autoidentificarla, aunque quizá los órganos dominantes con los que funcionamos hoy en día sean el producto de la presión social a lo largo de toda la vida o del forzado cambio (sobre todo de mano) en la infancia. Obsérvese a sí mismo, la información está a la vista y esperando para ser decodificada.

Pida a sus allegados que definan con cuál de las dos manos gesticula más, repase el álbum familiar; en las fotos en que aparece con las piernas cruzadas ¿cuál está encima? Al cruzar los brazos ¿qué mano queda a la vista? Si siempre se ha sentido torpe en la mesa, si desgaja la carne en vez de cortarla o tira los líquidos con más frecuencia que la persona promedio... saque sus propias conclusiones.

Las claves de la mirada

Cuando apremiamos a una persona para que recuerde algún dato urgente, ésta desviará la mirada hacia su izquierda si es diestra, y hacia su derecha si se trata de un zurdo. El individuo interrogado nos da la impresión de estar buscando información en una pizarra colgante sobre su cabeza. Literalmente *la persona está "leyendo" en el interior del hemisferio que se activa.*

Sin embargo, los especialistas no coinciden en este punto, y algunos deducen que es la naturaleza de la pregunta lo que *conecta* el hemisferio cerebral correspondiente.

Postulan que, cuando se trata de un cuestionamiento de índole racional entrará en actividad el hemisferio izquierdo; pero si por el contrario, el interrogatorio es de orden emocional, las respuestas las dará el lóbulo derecho.

Entonces, ¿se desvía la mirada en la dirección del hemisferio que está "encendido" independientemente de que la persona sea zurda o diestra?

¿Hacia dónde dirigen la mirada los ambidextros cuando se concentran?

¿Si nuestra respuesta contiene simultáneamente emoción y lógica, divagan los ojos de una dirección a la otra?

El mapa cerebral

Imaginemos un rudimentario mapa de la tierra de esos que los cartógrafos hacían en el siglo XVI. Podemos identificar sin problema a nuestro planeta; la representación de los continentes con sus ríos y cordilleras se acerca bastante a la configuración real y ya con mucha buena voluntad, hasta reconocemos el trazo de algunos países con sus, entonces, ciudades principales.

Pero ese documento dista mucho de los atlas actuales en que aparece con redundante detalle cada ciudad, pueblo, carretera, camino vecinal cruce o puente del área a localizar.

Nuestro mapa cerebral es algo parecido. Si hiciéramos un rápido recorrido por esta viscosa geografía, hallaríamos que cada función y habilidad mental cuenta con ubicación específica. Tiene dirección propia con nombre, número de calle y código postal; pero nuestras ciencias apenas cuentan con algunos croquis muy rudimentarios de este territorio.

Igual que las personas, las funciones cerebrales pueden tener dos o tres domicilios, son capaces de cambiar sus estrategias de trabajo, pueden ser invadidas o invadir territorios adyacentes; actúan extensiva y recíprocamente en un intrincado sistema de alianzas que apenas empezamos a vislumbrar.

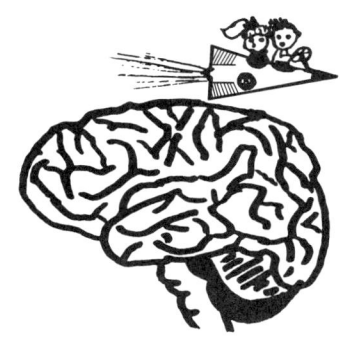

La extremidad fantasma

Cuando se amputa un pie o una mano, el área cerebral que le corresponde queda sin función específica. Su área vecina, en este caso, la encargada de las sensaciones faciales, extiende sus fronteras apropiándose del tejido que ha quedado "sin chamba", de manera que estimulando adecuadamente las mejillas o las sienes del paciente, éste reportará claras sensaciones y hasta dolor en la extremidad ausente.

El "miembro fantasma" ha sido asumido palmo a palmo por el tejido cerebral vecino.

Es relativamente común que personas mutiladas experimenten, durante años, la sensación de presencia del miembro que perdieron tiempo atrás.

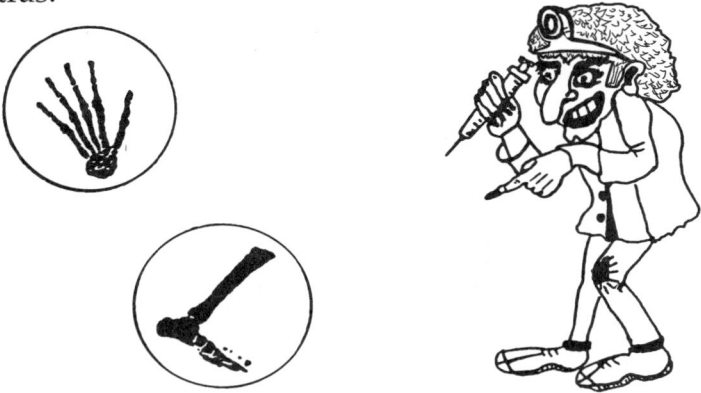

En el mundo hay alrededor de 100 personas sometidas con éxito a la "hemisferectomía". Tras devastadores ataques epilépticos se les retiró quirúrgicamente un hemisferio cerebral completo, y el otro lóbulo (la mitad cerebral sobreviviente), retomó gran parte de las funciones que correspondían a la mitad ausente.*

---

*   Para más información sobre este tema se pueden consultar, entre muchas otras, las siguientes páginas de Internet: http://www.mwph.org/news/061903.html; http://neurochirurgiapediatrica.it/publi.htm; http://www.matera.org.ar/ciep.htm; http://www.neuroc99.sld.cu/text/ttoepilepsia.htm

DE ESTE CALIBRE ES NUESTRO TEJIDO CEREBRAL; somos electroquímica humana, con una plasticidad espectacular que moldea sus esquemas a partir, tanto de la herencia genética, como de la influencia cultural.

Las costumbres y creencias de nuestra sociedad nos configuran. Este barro es de óptima calidad, pero depende íntegramente del alfarero.

¡Uno se pregunta si la represión cultural ejercida sobre nuestro hemisferio subjetivo; con sus mecanismos intuitivo, creativo y emocional reducidos por milenios, no tendrá algo que ver con los males que hoy aquejan a nuestro mundo, científico, tecnológico y "rabiosamente objetivo"!

Cualquier clase de organismo en guerra consigo mismo, está condenado a desaparecer. Pero, ¿hasta dónde llegaría nuestra especie si no rechazara ninguna parte o dimensión de sí misma?

La tristemente popular "crisis existencial", que en un grado u otro, toca a todo ser pensante, nace de nuestra propia y compleja profundidad. ¿Por qué, entonces, buscamos soluciones afuera y a lo lejos?

El "afán de pertenecer", de crear vínculos armónicos con todo y con todos para hallarle "sentido a la vida", es objetivo universal. Sin embargo, para registrar resultados a nivel "macro", cada persona ha de trabajar, artesanal y minuciosamente, en su "micro interno". El equilibrio colectivo no es más que un conjunto organizado de múltiples armonías personales; y la *armonía mecánica* de nuestros cuerpos, no es la excepción.

Un botón de estadística

En ningún país se ha llevado a cabo un censo general sobre población zurda. Los datos disponibles, provienen de investigadores en el área de la educación que obtienen sus cifras a través de niños y adolescentes en edad escolar. Naturalmente, la población adulta no figura en el conteo.

En 1988 el *Daily Telegraph* estimaba alrededor de 10% de zurdos entre naciones europeas, contra 13% en Estados Unidos. Sin embargo, la prestigiada asociación de personas superdotadas "MENSA" integrada por individuos provenientes de las más diversas culturas, cuenta con 20% de zurdos entre sus asociados.

El profesor D.H. Gardner en su libro *The Ambidextrous Universe* (1967), sugiere una incidencia de zurdos y ambidextros cercana a 25%, de los cuales estima que aproximadamente dos tercios funcionan como diestros debido al forzado cambio de mano en la infancia o a diversos grados de lateralidad mezclada.

The Right Brain Blakeslee, publica un porcentaje del 10% como cifra constante en los grupos humanos desde la Edad de Piedra hasta nuestros días. En contraste, las estadísticas más recientes en Estados Unidos, arrojan en su conjunto una población zurda que oscila entre 15% y 20%.

En resumidas cuentas, sabemos que la incidencia de zurdos es alta a escala global, pero ni remotamente disponemos de números seguros.

Lo que sí sabemos

El porcentaje de zurdos es 20% superior entre gemelos idénticos que entre mellizos o niños nacidos individualmente.

De cada cinco zurdos, nacen dos mujeres y tres hombres. Esta proporción ha sido constante en todas las épocas y entre todas las razas estudiadas.

El término *zurdo patológico* corresponde al niño diestro que al nacer, sufre daño cerebral severo en el hemisferio izquierdo. Si el bebé sobrevive, funcionará a través de su lóbulo "secundario". Suelen padecer disfunciones agudas y, a veces, deficiencia mental.

El doctor Norman Geschwind, profesor de neurología en la facultad de medicina de la Universidad de Harvard y director de la unidad de neurología en el hospital Beth Israel de Boston (1985), detectó cierta conexión entre el nacimiento de bebés zurdos y el nivel de testosterona (como derivado de otras hormonas), presente en el organismo de la madre.

En 1971 en el Hospital Saint Mary de Manchester, Inglaterra, el grupo de investigación concluyó que el porcentaje de zurdos, nacidos de mujeres alrededor de los 40 años, se incrementaba en forma moderada con relación a los bebés nacidos de madres entre los 18 y los 38 años.

En cuanto a la herencia; aún no se tienen datos contundentes que conecten factores hereditarios con la lateralidad de los hijos.

El porcentaje de zurdos se está incrementando universalmente, pero su expansión es más notable en las naciones del primer mundo. Cabe preguntarse si lo que va en aumento es el número de zurdos biológicos, o si la cifra estadística crece gracias a una mayor comprensión y tolerancia social.

Dando un giro al folclore mental

Por mucho tiempo hemos repetido la "puesta en escena" del héroe megabondadoso contra el gusano hipermalvado.

Esta es una de tantas maneras en que la mente humana interpreta a los *opuestos naturales* presentes en todos los aspectos de la vida (día/noche, frío/calor, derecha/izquierda, etc.)

Todo cuanto existe, oscila entre dos polos o extremos, y mientras mantenga el movimiento vibrando por los estadios de la escala intermedia se conservará con vida.

Este es un antiguo principio ampliamente difundido. El problema surgió cuando nuestra cultura decidió dotar de calidad moral a nuestros "opuestos naturales".

Entonces colocamos en el polo "A" (positivo), todo aquello que nos "latía" como a relacionado con las fuerzas del bien. Por supuesto que el segundo paso consistió en reunir a los necesarios adversarios, mismos que instalamos en el polo "B" (negativo) mejor conocido como, *casa-club de las fuerzas del mal*.

El proceso de vida se sustenta sobre varias premisas básicas como son el principio de género (todo tiene dos afluentes o padres), la correspondencia, el ritmo, la vibración, *la polaridad*, etc.

Pero no solemos considerar a los polos como los dos extremos sobre los que se sostiene una entidad, sino como dos unidades separadas y antagónicas entre sí.

Aunque *positivo* y *negativo* son términos que designan comportamientos electromagnéticos ajenos al bien y al mal; de alguna manera pasaron al lenguaje común con la distorsión de significado que todos conocemos.

Históricamente eso del "sentido común" no se nos ha dado muy bien. Cada generación repite alegremente su pintoresca "cacería de brujas" sirviéndose de las discriminaciones locales como plato fuerte. Por desventura, la leyenda negra de los zurdos sigue vigente y con cobertura universal.

Si nos animamos a hacer una "limpieza general" de nuestros congelados estereotipos, costumbres y tradiciones; tal vez nos libremos de algunos círculos viciosos ☹ ☹ ☹ y hallemos espacio para mejores esquemas de convivencia; para círculos virtuosos ☺ ☺ ☺ más humanos y funcionales, con los cuales iniciar, saludablemente, la construcción del nuevo milenio.

DATO CURIOSO: La tierra gira hacia su izquierda.

Algunos zurdos célebres

Albert Einstein,
Leonardo Da Vinci,
Miguel Ángel,
Julio César,
Alejandro Magno,
Napoleón,
Reina Victoria,
Jorge II de Inglaterra,
Pablo Picasso,
Holbein,
Charlie Chaplin,
Babe Ruth,
Martina Navratilova,
Jimmy Connors,
Mark Spitz,
John McEnroe,
Mónica Seles,
Robert Redford,
Robert de Niro,
Demi Moore,
Bruce Willis,
Ryan O'Neil,
Jimmy Hendrix,
Oprah Winfrey,
Goldie Hawn,
Michael Landon,
Shirley Maclain,
Carol Burnett,
Tom Cruise,
Richard Dreyfus,
Nelson Rockefeller,
Danny Kaye,
Peter Fonda,
Marilyn Monroe,
Dick van Dyke,
Al Leiter,
Bobby Bonilla,
Jerry Sienfield,
Emma Thompson,
Bill Gates,
Ikram Antaki,
Fernando *Toro* Valenzuela,
Thalía,
Keanu Reeves,
Diane Keaton,
Nicole Kidman,
Jeff Corwin,
Luis Manuel *Químico* Guerra.

Uno de cada tres presidentes de Estados Unidos; dos de los Beatles; todo el grupo de Manhattan Transfer; y una nutrida lista de personajes conocidos que usted puede localizar vía Internet.

La ausencia casi total de nombres hispanos, no se debe a la escasez de celebridades latinas zurdas, sino a la inexistencia de un censo formal.

DATO ABRUMADOR: *Jack el destripador* era zurdo. Por cierto... nunca lo pescaron.

Bibliografía

Cohen, Jozef, *Conducta y condicionamiento operantes*, Trillas.

Encarta 97', *Enciclopedia Microsoft* ®.

Engels, Federico, *El papel del trabajo en la transformación del mono en hombre*, Fondo de Cultura Económica.

Jung G., Carl, *El hombre y sus símbolos*, Biblioteca Universal Caralt.

Lewis H., John, *Hombre y evolución*, Grijalbo.

Machado A., Luis, *La revolución de la inteligencia*, Seix Barral.

Paul, Diane, *Vivir siendo zurdo*, Tikal.

Peisekovicius Baronaite, Raquel, *El niño zurdo*, Edamex.

Trismegisto, Hérmes, *El Kybalión*, Herbasa.

Watson, E.H. y G. H. Lowrey, *Crecimiento y desarrollo del niño*, Trillas.

Anexo

La carta de Benjamín Franklin

Filósofo y estadista, cocreador de la Constitución de los Estados Unidos de América y zurdo; Benjamín Franklin tuvo el tiempo y la voluntad para promover, en forma oral y escrita, el respeto y la cooperación a la condición del zurdo.

Reproducimos el escrito que el señor Franklin dirigió a la superintendencia de educación de su país:

> "Nosotras somos hermanas gemelas"; los ojos de las personas no se parecen más el uno al otro que nosotras, ni son capaces de estar en mejores relaciones que mi hermana y yo, si no fuera porque nuestros padres han hecho una distinción injuriosa entre nosotras al tratarnos de manera tan distinta.
>
> Desde la infancia me obligaron a considerar a mi hermana como si se tratara de una persona de categoría superior. Permitieron que yo creciera sin la más mínima instrucción, todas las atenciones fueron para ella.
>
> Mi hermana tuvo maestros que la enseñaron a escribir y a dibujar; aprendió música y tuvo oportunidad de perfeccionar todas sus virtudes, mientras yo, si por casualidad tocaba un lápiz, una pluma o una aguja, recibía un severo castigo; además me golpeaban por ser torpe y carecer de maneras graciosas.
>
> ¿No deberían sentirse culpables nuestros padres por haber hecho una diferencia tan notable entre nosotras, que además, somos exactamente iguales? ¡Cuánto dolor! Moriré de pena porque no soy

capaz, ni siquiera, de escribir una petición que contribuya a mi liberación...

Sed comprensivo, señor, y haced que mis padres tomen conciencia de la injusticia que han cometido con la exclusividad de su cariño, y que comprendan la necesidad de prodigar sus cuidados y afectos, entre sus dos hijas por igual.

Señor, le reitero mi respeto, soy su más fiel servidora.

LA MANO IZQUIERDA

Z1/E1/04
Esta edición se terminó de imprimir en marzo de 2004. Publicada por ALFAOMEGA GRUPO EDITOR, S.A. de C.V. Apartado Postal 73-267, 03311, México, D.F. La impresión y encuadernación se realizaron en DESARROLLO GRAFICO EDITORIAL, S.A. de C.V. Municipio Libre No. 175, Col. Portales, Benito Juárez, 03300, México, D.F.